A MES SŒURS ET FRÈRES,

De Paris, de Lyon, de Grenoble, etc.

———⋘⋙———

CHÈRES SŒURS, CHERS FRÈRES,

L'état de ma foi est sain, clair et positif.

Je crois en DIEU, MÈRE et PÈRE des femmes et des hommes.

De cette foi découle celle en l'égalité de la femme à l'homme, sous le rapport des droits et des devoirs.

Je vénère le PÈRE, et c'est comme homme-dieu, rédempteur de la prostituée, que je l'ai glorifié partout.

Je crois fermement à la venue de la MÈRE pour l'époque où une dissolution totale de tous liens sociaux en aura fait sentir le besoin.

Cette dissolution de tous liens, je la vois se pratiquer autour de moi : elle me rend fort et ne m'effraie pas. Puisse-t-elle grossir si vite que bientôt elle crève de bouffissure ! car toute voie mène à l'AVENIR, la voie *satanique* et la voie *angélique*.

CHÈRES SŒURS, CHERS FRÈRES,

Je quitte la France, car mon apostolat en cette contrée du continent s'élève à son apogée le 18 avril 1835, jour du PÈRE, et aussi de coups, de boue, d'insultes et de prison pour moi, et s'éteint le 26 du même mois, jour veuf d'événement remarquable selon notre calendrier.

La France est frappée au cœur (Paris-Lyon) de notre foi, l'œuvre des apôtres-docteurs est finie, celle des apôtres du chant commence.

À ceux à combler les sympathies des populations. Eux seuls peuvent exercer un sacerdoce d'enthousiasme. le plus opportun aujourd'hui, le seul par lequel les masses se laissent aller à la croyance en une foi nouvelle.

Mais si en France, tout est préparé pour une rénovation sociale prochaine, il n'en est point ainsi en Angleterre. en Allemagne, en Russie, en Belgique, etc.

C'est dans l'un de ces pays que je sens le besoin de me transporter, d'aller y saisir un poste où je sois sentinelle avancée de la civilisation et créer même, s'il se peut, une voix à cette civilisation *associationnelle* pressentie déjà par tous les peuples.

En un mot, notre mission à tous est de nous transporter sur les points continentaux où la civilisation est le plus en état d'ébulition, afin d'y aller imprimer le cachet de notre foi.

L'apôtre ne tient point à telle ou telle forme : il les revêt toutes tour-à-tour pour se faire tout à tous, et sa vie a l'effet continue de la marée montante et descendante ; ou encore, comme l'instituteur, en même temps qu'il enseigne la dernière leçon de sa science, il revient encore à la première ; car toujours il en est qui finissent et d'autres qui commencent.

C'est sous l'inspiration, résultant des données précédentes. que je pars pour Liége ou Bruxelles, tenter de conquérir un poste d'où ma voix appellera le Belge au sentiment de la civilisation associationnelle.

Et mon œuvre sera toujours en vue de DIEU, et de la gloire du PÈRE et de la venue de la MÈRE.

Avant de vous quitter, je vous livre, chères sœurs et chers frères, les pensées sur les souffrances du peuple, la prière à DIEU qu'alors que, pour le soutien de ma foi, j'étais en prison à Angers, DIEU m'a inspiré.

INVOCATION

DU

PEUPLE A DIEU.

—————◦❯○❮◦—————

Prison d'Angers, 20 Avril 185.

DIEU des Mondes et de L'Humanité, Seigneur du Ciel et de la Terre, MÈRE et PÈRE des Femmes et Hommes, écoute ma prière, exauce mes vœux !

Moi, le Peuple universel, je souffre sur cette Terre que ta munificence m'a donnée, et pourtant ton ineffable bonté a tout prévu pour me la rendre douce et bienfaisante.

Pourquoi, ô mon DIEU ! moi dont le travail terrestre alimente l'espèce humaine, pourquoi suis-je si malheureux ?

Grand DIEU ! tu ne l'ignores pas : c'est moi qui bâtis les cités, les temples, les mosquées ; et cependant j'habite en des chenils, des souterrains, des mansardes !

C'est moi qui fournis à la table des gastronomes la primeur de toutes les saisons en pain, en vins, en mets, en fruits les plus recherchés, et je ne vis que de pain noir, de racines et bois de l'eau !

C'est moi qui tisse les draps, les toiles, les soies, les cachemures de toutes espèces dont se pare l'oisiveté de mes maî tres; et mes fils revêtent l'humble veste de camelot, et mes filles la grossière jupe de bure ou de tiretaine.

C'est moi qui, corroyant la peau des animaux, sais en chaus ser élégamment mes maîtres; et quelquefois mes fils , mes filles sont sans chaussures, ou n'en ont que de grossières qui souvent leur blessent les pieds.

C'est moi dont les bras nerveux arrachent aux entrailles de la Terre, tout ce qu'elles contiennent de métal de fer, d'or et d'argent; et ces trésors, dont j'enrichis mes maîtres, ces mer veilles dont je leur charme la vue, me sont à moi des armes tranchantes, menaçant incessamment mon visage , mille poignards dirigés sur ma poitrine.

C'est moi qui construis et guide sur les mers ces maisons flottantes qui unissent les continents que l'eau sépare, et ce pendant sur mille de mes enfans, au déclin de leur âge, un peut-être a fait le tour du monde.

C'est moi qui construis ces routes qui sillonnent les états, et ces chars qui le parcourent, ces canaux qui sont à la Terre, comme les veines sont au corps humain ; et cependant toute ma vie, je vais à pied, ainsi qu'un pélerin le sac au dos, et les chairs trempées d'eau ou de sueur.

C'est moi qui travaille l'émeraude et la topaze estimées, travaillées à des milliers de francs; mais ils sont pour mes maîtres, et moi, j'ai pour joyaux de noces un anneau , un bi-

jeu ou simplement une médaille de la valeur de quelques
francs.

C'est le talent de mes fils, c'est leur sang; c'est la beauté
de mes filles, c'est leur honneur que pour du pain, un gît misérable, un pot d'un vin détestable aux jours de fêtes seulement, je vends, j'abandonne, ou plutôt je prostitue à mes
maîtres ce sang, cette beauté de mes enfans.

Au sein de mes misères, mes fils et mes filles croissent
forts, croissent belles cependant; au sortir de mes chau-
mières, ils sont vigoureux, elles sont pures encore; mais bientôt mes maîtres ont tué mes fils à leur service, à la guerre,
ont sali mes filles par leur libertinage.

Tout, enfin, naît de mon activité, science, arts, industrie.
Je suis le JARDINIER de la Terre; je suis la voix de DIEU; je
suis son grand OUVRIER; et cependant mon corps a froid, mon
cœur est navré, je suis ignorant, grossier, et tour-à-tour,
selon que l'égoïsme de mes maîtres pressure ma vie, ou me
jette à la tête une indépendance homicide; je suis crédule ou
incrédule, superstitieux et même sanguinaire envers ceux
que tu m'envoies, ô mon DIEU, pour être mes libérateurs.

DIEU, toi qui dispenses de la *force*, de la *justice* et de la *vie*
ainsi qu'il te plaît, inspire à mes maîtres l'ÉQUITÉ, et tous
mes vices et tous mes maux disparaîtront insensiblement:
car mon ignorance, mon immoralité, ma brutalité, c'est leur
égoïsme, leur avarice, leur tyrannie qui l'engendrent.

N'ai-je donc pas été assez patient, ô mon DIEU? voilà pour

tant six mille ans que j'attends l'accomplissement de la promesse de félicité universelle.

Bien des soleils ont brûlé ma face, noirci ma peau, rompu mon corps; bien des guerres ont baigné la Terre de mon sang, bien des générations ont passé languissantes et misérables, et je souffre encore ! j'attends toujours...et ma foi en toi est la même : l'espérance est demeurée en moi; oui! J'ESPÈRE; ce fut, jusqu'ici, ma religion.

DIEU puissant, DIEU bon, DIEU d'amour, ne me laisse pas plus long-temps en proie à cet égoïsme et à ce scepticisme libéral et philosophique qui me rongent le corps comme un chancre vénéneux.

S'il est vrai que ma voix exprime tes décrets, et je le crois fermement, Eh bien ! je veux, ô mon DIEU :

Un PÈRE, dont la JUSTICE fasse à chacun de ses enfans la part de considération, de gloire et d'aisance due à ses talens, à sa moralité, à son travail.

Mais je ne veux plus de MAITRES : *chefs, rois ou ministres* qui vivent de mes sueurs et prostituent, dans mes fils et mes filles, mon sang et ma chair, ma force et ma beauté.

Je veux une MÈRE dont l'amour poétise ma vie, calme mes passions, et qui, par sa tendresse seule, corrige mes vices, épure mes mœurs, et non plus d'échafaud, de bagnes ni de prison :

Mais je ne veux plus de femmes *esclaves* qui se complaisent sous leur joug, parce qu'elles donnent la mode ou brillent dans les salons ; ni de *roués* en plaisirs qui profanent la tendresse, la douceur et l'amour dans un but de jouissances individuelles.

Mon DIEU! tes élus m'ont parlé dans le temps, et révélé tes desseins; mais mon ignorance les a méconnus, et tu ne leur donnas pas d'ailleurs puissance de te révéler à moi tout entier, et une seule fois ; toujours les puissants, aux époques où parurent tes élus, baillonnèrent la vérité, emprisonnèrent ses apôtres, les calomnièrent, les persécutèrent : il en est encore de même aujourd'hui.

Fais donc, mon DIEU, que les nouveaux gentils se convertissent, et permet que j'entende la voix généreuse, qui, en ton saint nom, me crie : JUSTICE! AMOUR! ASSOCIATION!

C'est bien pour MOI, j'en ai l'instinct, que des apôtres nouveaux ont paru sur la Terre. DIEU, ne souffre pas plus long-temps que l'égoïsme et la tyrannie dénaturent leurs promesses, étouffent leur voix.

Ils proclament le PÈRE, que réclame ma soif de justice, et, disent-ils à tous, ces vœux pour moi l'ont conduit EN PRISON : gloire à lui!

Ils proclament la venue d'une MÈRE, telle que celle dont l'amour poétisera ma vie; ah! qu'elle vienne : car je me consume de sécheresse : amour à elle!

DIEU, ouvre les yeux à mes maîtres, confonds leur égoïsme, rends-les généreux, ou fais-les tous si vieux de raison et de force qu'ils soient incapables d'opposer une résistance grave au progrès de la civilisation.

Donne à la femme le sentiment de sa dignité, et commande lui de gagner ses chevrons d'*égalité*, de droits et de devoirs; affranchis-la de ses préjugés en lui inspirant de MÉPRISER l'*opinion* de l'homme qui *la juge* assis SEUL sur un *tribunal* ou dans un *confessionnal*.

Ordonne que la FEMME la plus aimante entre toutes, et l'HOMME le plus aimant entre tous ; ordonne que la MÈRE et le PÈRE, qui sont ces deux êtres se rapprochant le plus de la DIVINITÉ; ordonne, mon DIEU! qu'ils se rencontrent, qu'ils s'associent, et que, par eux, *l'amour* et la *justice* UNIS, règnent enfin sur la TERRE, si long-temps désolée par la guerre, le viol, la rapine.

Grand DIEU, voilà mes vœux, exauce-les, Seigneur, et ton Peuple, qui n'a cessé un seul instant de te *bénir*, de *souffrir* et d'*espérer*, chantera enfin, dans un éternel hymne d'amour la gloire de ton saint nom :

GLOIRE A DIEU !

G. B.

Paris, Imprimerie de SÉTIER, rue de Grenelle Saint Honore, n. 70

DISCOURS AU PEUPLE[1]

SUR

LES MOYENS D'ACCROITRE SON BIEN-ÊTRE

PAR L'INSTRUCTION ET L'ÉDUCATION RÉFORMÉES.

—⁂—

Peuple, écoute !..... L'ignorance, l'incrédulité et l'égoïsme, voilà tes ennemis naturels, la source de ton infortune, de tes misères.

La désunion des classes qui te composent met un empêchement à combler l'abîme de tes maux.

L'union de tes membres modifierait l'incrédulité anti-civilisatrice des grands qui te gouvernent, l'égoïsme des bourgeois qui te salarient, l'ignorance grossière de ta partie la plus nombreuse.

La plus mince amélioration dans ta condition dépend donc d'un perfectionnement dans la moralité des gouvernans, des bourgeois, des ouvriers dont se compose ton vaste corps.

Et ce perfectionnement est impossible, à tout ja-

[1] Le mot *peuple* comporte dans ce discours une extension beaucoup plus grande que celle qu'on lui a donnée jusqu'ici. Au lieu de répéter chaque fois que le cas le requiert les mots qui n'expriment que des portions : *gouvernans*, *bourgeois*, *ouvriers*, je dis PEUPLE, parce que ce n'est pas seulement à la partie ouvrière du peuple que je m'adresse, mais aussi à sa partie bourgeoise et gouvernante comprises dans le mot générique *peuple*.

mais, si une seule de tes classes croit pouvoir agir sans le concours de toutes les autres.

Il faut que simultanément les grands se passionnent pour ta gloire et fassent servir à ton bien-être les priviléges que l'aveugle naissance leur a départis; que les bourgeois moralisent leur amour pour le gain; que ta partie la plus nombreuse soit instruite et guidée selon un nouveau principe d'ordre.

Aucune amélioration n'est possible, si d'abord elle n'est consentie et voulue par toi *tout entier*; et tu ne peux vouloir efficacement améliorer ta condition qu'en consentant préalablement à poser les bases d'une *civilisation nouvelle* qui concilie tous tes intérêts.

Deux grands moyens sont en ta possession pour effectuer cet immense travail d'où dépend ton bien-être futur, et qui doit apporter un adoucissement immédiat à ta souffrance présente : ces deux moyens sont l'éducation et l'instruction réformées.

L'usage de ces deux moyens généraux est dévolu à la partie de toi-même qui, par sa position actuelle, peut *donner* à l'autre qui présentement n'a qu'à *recevoir*.

Et comme l'*union* entre tes membres doit être le résultat de tous les efforts tentés en faveur de ton élévation morale, Peuple, comprends bien que l'instruction et l'éducation, liées entre elles, ont à dépasser les limites de la philanthropie à laquelle ces deux sources de la science humaine sont encore restreintes.

Peuple, tes serviteurs les plus dévoués n'ayant pas compris jusqu'ici la part de perfectionnement moral qu'eux-mêmes ont à accomplir, en même temps qu'ils l'appellent à un progrès nouveau, ne se sont adressés qu'à la partie la plus pauvre, et n'ont conçu d'autres moyens de l'élever qu'en lui faisant l'aumône de secours matériels et de livres à bon marché.

Un amour éclairé pour le peuple comporte, en vérité, un bien plus grand sacrifice; mais enfin ce serait bien encore si l'instruction que la partie privilégiée de toi-même prétend donner à la partie laborieuse, ne consistait pas à décrire purement et simplement le mécanisme de ce qui a lieu présentement soit en politique, soit en science, soit en économie, si elle faisait consister l'instruction ailleurs que dans la connaissance de ce qu'ont fait les Grecs et les Romains; ailleurs que dans la statistique du globe même; ailleurs enfin que dans la présentation de quelques formules chimiques, physiologiques et physiques.

Peuple, ce choix de connaissances ne constitue pas une *instruction populaire* pour deux raisons :

La première, c'est que l'instruction, ainsi envisagée, est sans cause moralisante; la seconde, c'est qu'elle est un enregistrement archivique qui ne t'apprend pas quel est ton avenir.

Elle est sans cause moralisante, parce qu'en effet : quelle morale peut tirer le gouvernant, l'oisif et l'artisan, de l'histoire, par exemple, qu'on leur présente comme un champ clos où de tout temps les peuples ont lutté contre les rois, sinon cette morale qui n'en est pas une : qu'il y aura toujours lutte entre les gouvernants et les gouvernés. Quelle morale peux-tu tirer de l'analyse philosophique de l'ordre politique ou économique actuel qui te régit et qui te divise en classes inégales en *droits* et en *devoirs*, sinon cette réflexion critique que les charges pèseront toujours sur la classe la plus pauvre de toi-même. Quelle morale, enfin, peux-tu tirer de l'exposition *observationnelle* de la science, sinon cette déception que les savans aussi en sont encore à chercher une cause qui relie les faits qu'ils ont observés, et que de ce côté comme du côté de l'ordre politique, il y a brisement, lutte, anarchie.

Peuple, l'instruction dont on te gratifie est un enregistrement archivique qui ne t'apprend rien de ton avenir, parce qu'en effet les lois sociales qu'on en prétend faire découler, étant déclarées par la partie privilégiée de toi-même, principes *reçus* et *immuables*, et pourtant ces principes n'étant pas le perfectionnement de tes intérêts généraux, il est bien clair que tu n'as rien à apprendre de ton avenir par le mode d'instruction libérale qui découle de cette doctrine très-suspecte, que l'état naturel des sociétés humaines est la division et le morcellement d'elles-mêmes, la suspicion organisée entre leurs chefs et ceux qu'ils dirigent.

Telles sont les deux raisons positives qui manifestent de l'imperfection actuelle de l'instruction qu'on peut qualifier de *suspicionnelle* ou *constitutionnelle*.

Il en est une définitive et capitale, c'est que ce genre d'instruction est essentiellement critique ou désorganisateur, par cela même qu'il ne découle pas d'une éducation morale premièrement reçue.

Peuple, l'émeute par laquelle tu manifestes ton

malaise devenu trop violent, gouvernans, bourgeois, ouvriers, la lutte qui règne entre vous est la preuve que chacun de vous a sa morale, ses vues, ses intérêts particuliers : donc vous êtes sans éducation morale commune, c'est pourquoi, quelque ample que soit l'instruction constitutionnelle que vous receviez, vous en serez toujours entre vous à l'état de lutte et de violence.

Si j'ai bien exprimé ce qui est, j'ai dû prouver que le Peuple est aujourd'hui privé d'éducation, et que l'instruction qu'il reçoit n'est pas propre à le moraliser, puisqu'en effet on voit toujours les gouvernans en contradiction avec la volonté des gouvernés ; les bourgeois demeurer avec leur étroit égoïsme et leur sécheresse affectée ; les artisans conserver pour la plupart leurs formes impolies et grossières.

Peuple, ces assertions fondées te sont une preuve invincible :

1º Que le moyen d'opérer un perfectionnement dans ton bien-être matériel et moral, est en dehors de la civilisation constitutionnelle.

2º Que l'éducation doit consister à imprimer à tous les membres d'un peuple une direction unitaire, et les familiariser à la pratique de mœurs qui les relient entre eux.

3º Que l'instruction est l'aptitude spéciale développée dans chaque individu pour l'ordre de travaux auquel l'appelle sa vocation naturelle.

4º Qu'enfin, le principe nouveau de civilisation généralement pressenti, est l'ASSOCIATION qui met fin à la *lutte* qui a régné jusqu'ici.

Tel est le sens nouveau du progrès que le peuple
est appelé à faire; telle est la pensée fondamentale
qui doit présider au perfectionnement à apporter
dans l'éducation et l'instruction publiques.

Mais il ne faut pas se le dissimuler, tout est à re-
fondre : religion, politique, morale, histoire. Cette
refonte est dans l'espace, le temps seul doit l'accomplir.

Cependant, comme je l'ai dit plus haut : à la partie
la plus éclairée du peuple est dévolue la mission
d'élever en instruction et en moralité celle qui l'est
moins; la force des choses, ou pour parler plus
moralement, Dieu le veut ainsi.

De toutes les grandes réformes à opérer, mon zèle
me convie à travailler à l'une de celles où mes forces
peuvent atteindre, laissant à de plus puissans que
moi le soin de travailler aux autres.

Je choisis l'histoire, et ce discours peut servir
d'avant-propos détaillé à la manière dont j'entends
l'envisager. J'ai montré qu'on n'en pouvait tirer, aujourd'hui, aucune conclusion morale pratique, par
cela même que, jusqu'ici, on l'avait envisagée comme
un champ clos où, de toute éternité, les peuples ont
lutté contre leurs chefs; et en effet, l'histoire a été,
jusqu'à ce jour, un immense arsenal où chaque parti
interprétant, à sa façon, le cours des événemens, a
puisé des armes pour la défense de ses opinions.

Au point de vue le plus élevé du sentiment, de la
raison et de l'intérêt, l'histoire ne peut constituer
pour chacun, une arme de guerre. Cette croyance
est impie, et les résultats qu'elle produit, mènent

(7)

au renversement de toutes les institutions humaines.

La philosophie critique ou voltairienne a donc considéré l'histoire comme un vaste champ de lutte, de carnage et de mort; et ne voyant dans le développement des peuples, que despotisme et servitude, plutôt qu'un perfectionnement moral successif approprié aux temps et aux lieux, elle a, dans son amour excessif pour la liberté, nié en tout l'autorité. Elle agit avec conséquence en procédant ainsi, car à toutes les époques d'organisation sociale quelconque, l'autorité fut, à défaut de pressentir l'avenir, déclarée immuable, et les philosophes se donnèrent la mission de renverser cette arbitraire prétention. Mais cette morale est transitoire, l'histoire dont elle découle a cessé d'être vraie avec le sentiment d'un nouveau principe d'ordre, d'une civilisation nouvelle.

La réforme à apporter dans l'histoire, consiste à montrer que successivement, la sphère des droits de l'autorité s'est perfectionnée sur la nature même des besoins locaux d'un tel peuple; que les devoirs, résultant du fait même de *sociabilité,* se sont étendus insensiblement à la presque totalité des membres d'une telle société; et de ce point de vue progressif découle cette morale : dont la pratique est l'œuvre de la volonté nationale dirigée par le génie :

Que la plus vigoureuse déclaration des droits de l'homme, vivant en société, est celle qui assigne au peuple tout entier par l'action combinée des diverses classes qui le composent, le devoir sacré de contribuer et de veiller à l'élévation morale et matérielle

de tous ses membres, et le droit *imprescriptible
d'exiger en tous temps et à toujours, l'exercice de
cette paternité populaire sur chacun de ses membres.*

G. BIARD.

P. S. Je me propose de publier en quatre livraisons
l'histoire du peuple français de 1789 à 1799, selon la réforme historique que j'ai signalée, et aussi d'après la con-
ception méthodique suivante, si universellement mé-
connue.

*La manière la plus utile et la plus économique de présenter
au Peuple son histoire, c'est de la dépouiller de tout ce qu'elle
comporte d'incidens étrangers ou superflus à son cours, de la
chroniquer ou dater avec soin, d'envisager moins l'action des
partis que l'accomplissement du progrès social ; enfin de la
réduire à sa plus simple expression en en formant un drame dont
l'acteur principal soit le Peuple.*

Ma première livraison paraîtra du 25 au 30 août ; les
autres la suivront successivement à trois semaines de date
l'une de l'autre.

Chaque livraison, composée de 40 pages in-octavo envi-
ron, sera de 50 centimes.

Un prospectus spécial est distribué chez M. Biard, boulevart St-Martin n. 7. — On souscrit sans rien payer d'a-
vance. — Tout souscripteur qui prend pour son compte
douze exemplaires a droit au treizième.

PARIS. — IMPRIMERIE DE AUGUSTE AUFFRAY,
PASSAGE DU CAIRE, Nº 54.

AU PEUPLE,
AUX CHAMBRES,
A LA PRESSE,
SUR LEURS DEVOIRS RÉCIPROQUES
PENDANT LA SESSION.

AUX CHAMBRES.

Le devoir des Chambres est d'améliorer la condition des vingt millions de prolétaires de France par tous les moyens possibles, tels que ceux de la suppression graduelle de tous les impôts du fisc, de la création de grands travaux et de l'installation de fêtes publiques, etc.

Députés, qui, pendant la session, allez délibérer sur les intérêts de vos commettans, ne poussez pas la *sécurité* jusqu'à ne voir en France que des *propriétaires*, mais songez surtout à améliorer la condition de ces *vingt millions de prolétaires* qui ont à peine *vingt cinq centimes* par jour pour se nourrir et se vêtir.

Que l'état précaire d'un aussi grand nombre de travailleurs excite vos sympathies : montrez-vous enfin leurs amis; et mieux encore, faites qu'ils vous aiment, comme des pères, en donnant au monde l'exemple de grandes réformes et d'améliorations populaires.

Ne vous consolez plus de tous soucis en disant : le peuple est libre! dites : il est misérable, et cependant, il use chaque jour sa *vie*, son *intelligence*, ses *forces*, à travailler pour ses maîtres, depuis son berceau jusqu'à son tombeau.

Ne dites plus le peuple est libre; dites il est ignorant, misérable; et si vous l'aimez, prenez soin de le préserver autant que possible de l'action dévorante de cette nuée d'oisifs, qui sous les noms d'*agens*, de *propriétaires*, de *légistes*, sont à son corps comme ces mille chenilles sont à l'arbre fruitier qu'elles font mourir lentement.

Ne dites plus le peuple est libre; dites il est esclave dans sa chair et dans son sang, il est esclave de ses besoins; car si au coin de la rue, un prolétaire mourant de faim, vient à exiger d'un oisif qu'il satisfasse à son besoin pressant, si un autre prolétaire se refuse à se faire *militaire*, si *ouvrier*, il médite une augmentation de salaire, si, *par groupes*, le peuple élève sa grande voix sur la place publique pour demander de l'*ouvrage* et du *pain*, la justice de l'oisif répond à ses cris de misère, par les canons et l'incarcération! Ce sont là ses instrumens de moralisation!....

Non..... le peuple n'est pas libre!... ou, s'il vous plaît de le croire tel; c'est une liberté d'enfer dont il jouit, liberté assassine qui ne sait pas le préserver de la misère héréditaire qui l'accable, de la prostitution publique qui le crucifie dans la chair de ses filles.

Et sa *misère* ou sa *honte*, qui la cause? l'oisiveté héréditaire fille du hazard de la naissance qui accorde la richesse et la gloire à qui ne les a pas méritées par son travail.

Tout homme qui jouit de la vie sans en payer à ses semblables un tribut d'*inspiration* pour ce qui est *beau*, de *science* pour ce qui est *utile*, de *savoir-faire* pour ce qui est *avantageux* à tous : celui-là est un oisif.

C'est plus, dans la société au sein de laquelle il vit, il en est le corrupteur, le tartufe et la sang-sue publique : le *corrupteur*, car c'est lui qui *séduit* la fille du peuple et l'abandonne ensuite à la prostitution de tous ; le *tartufe*, car il cache, aux yeux de tous, les accidens de sa vie de scandale ; une *sang-sue*, car c'est le sang du peuple dont il s'abreuve *à ne rien faire*.

L'oisiveté héréditaire, voilà donc la grande plaie des sociétés d'autrefois et d'aujourd'hui : c'est elle qui fait encore couler le sang des peuples, sans que la terre en soit plus fécondée ; c'est elle qui fait, de la beauté humaine chez les femmes, un élément d'envie et de profanation qui les victime toutes.

PLUS D'OISIVETÉ DONC, DU TRAVAIL ET DES FÊTES :

VOILA LE CRI DU PEUPLE.

Députés, dirigez-vous vers ce but pacifique, et délivrez-nous graduellement de ces douanes, de ces octrois, de ces contributions, de ces patentes, de ces mille impôts qui pèsent tous sur le peuple, l'écrasent et paralysent sa force productive.

Commandez qu'on applique l'armée à des travaux d'industrie, selon un mode d'organisation qui offre à chaque soldat l'avantage de s'instruire dans tous les arts, toutes les professions, tous les métiers, sans cesser un seul instant d'être utile à la société.

Ordonnez la mobilisation du sol par la réforme de la législation en matière d'expropriation rendue semblable à la législation commerciale, par l'assimilation du *fermier* au *commandité* et du *propriétaire* au *com-*

mandataire, par l'expropriation de l'*immeuble* rendue aussi facile et aussi prompte que celle des *meubles*.

Frappez d'un impôt progressif les propriétés de l'oisif, et augmentez les droits de ses successions, suivant une progression très-prononcée, de manière à diminuer le scandale de ces fortunes amassées sans travail.

Et ces dispositions accomplies, ouvrez des routes et des canaux sur tous les points du continent, afin d'utiliser ces bras innombrables qui ne demandent qu'à s'activer; afin, aussi, d'égaliser la civilisation sur la terre par le contact rapide des peuples qui l'habitent.

Instituez des fêtes publiques dignes de la majesté d'un grand peuple, qu'il en soit le héros, et qu'elles l'excitent à d'immenses travaux pacifiques.

A ces conditions, députés, l'affection du monde entier vous sera acquise; et la France, en particulier, bénira ses représentans. Mais si vos cœurs, affadis par l'égoïsme, si votre raison, émoussée par le long usage de philosophies contradictoires, sont un obstacle au sentiment des grandes choses qui sont à faire; si, *bourgeois* dans l'ame, des discussions de PERSONNALITÉ, des questions de ministère, des amendemens inutiles à des lois déjà mauvaises, un bavardage constitutionnel sur d'absurdes protocoles; si cent misères de cette espèce absorbent le temps que vous allez être *législateurs*; eh bien! la France dira, avec douleur, mais résignation: nos représentans, trop jeunes ou trop vieux, ne sont pas mûrs pour les grandes choses; et le monde entier répétera: des *bourgeois* ne sauraient être de *grands hommes*.

A LA PRESSE.

Pendant la session, la presse périodique doit mettre de côté toute sus
ceptibilité politique ou littéraire ; s'unir, et, d'un commun accord,
réclamer le bien-être du peuple par l'application de tous les moyens
qui y peuvent conduire

Journalistes, votre puissance est grande quand vous
voulez vous unir; ce sont vos opinions dont chaque
matin près de deux millions de lecteurs se nourrissent
l'esprit.

La presse a pouvoir de former l'opinion publique;
et, quand il lui arrive de réclamer unanimement une
amélioration populaire, il n'y a pas de gouvernement
qui tienne, l'autorité est tenue de se conformer à ses
décrets, et la Chambre des députés en particulier est
immédiatement dans la nécessité de sanctionner ses
arrêts par une mesure législative.

Rappelez-vous l'histoire de Louis XVI, et celle de
Charles X. Souvenez-vous combien peu de temps le
roi-martyre résista aux coups serrés que lui portèrent
les journalistes Brissot, Condorcet, Ducos, Louvet,
Camille-Desmoulins, Marat, l'abbé Maury, Rivarol,
Bergasse, Fréron, Clavière, Garat, Daunou, Ché-
nier; n'oubliez pas la force morale, qu'hier les
principaux d'entre vous : Gauja, Leroux, Servans,
Guyet, Fabre, Cauchois-Lemaire, Haussmann, Levas-
seur, Chatelain, Fazy, Ader, Larreguy, Roqueplan,
Léon-Pillet, opposâtes à la folle attaque du roi-par-
jure.

Journalistes! unissez vous donc pour un but paci-

tique comme vous vous êtes unis en 89 et 1830, pour
un but de destruction; jetez loin derrière vous ces
préoccupations de partis; la vérité et la félicité publiques ne résulteront ni de la doctrine *arriérée* des légitimistes, ni de la doctrine *tapageuse* des républicains,
ni de la doctrine *paralytique* des doctrinaires.

Ni la légitimité bourbonnienne, ni la république
constitutionnelle, ni la monarchie républicaine ne se
proposent pour but, comme ordre social, *d'associer*
chacun à tous, ni de *relier* tous les hommes pour une
même fin : le TRAVAIL, ni de *répartir* à chacun un part
du produit du travail de tous, selon les œuvres et les
mérites de chaque travailleur.

Avec la légitimité, la république ou l'ordre de chose
existant, il y a toujours *concurrence*, c'est-à-dire
vingt millions de prolétaires possédant à peine, chacun, vingt-cinq centimes par jour pour se nourrir et
se vêtir; il y a toujours *prostitution*, c'est-à-dire un mil-
lion de femmes *séduites* que le gouvernement *patente*,
caserne, *enrégimente* pour satisfaire à la LUBRICITÉ publique.

Ainsi, sous ces différentes formes de gouvernement,
le *prolétaire* demeure toujours, à un degré ou à un
autre, dans une condition permanente d'infériorité de
droits réels; la *femme* continue à subir une dégra-
dante nullité sociale ou le mépris politique de l'homme;
et cependant, du sort de qui donc y a-t-il lieu de s'oc-
cuper, si ce n'est de celui des *prolétaires* et des *femmes*,
et si aucun des systèmes connus n'est propre à améliorer efficacement leur condition mutuelle, il est bien clair
que ces systèmes sont autant d'absurdités ou religieu-

...es ou politiques ou morales, auxquelles il n'y a pas lieu de s'arrêter plus long-temps.

LE BUT, C'EST : LA DÉCHÉANCE GRADUELLE DE L'OISIVETÉ HÉRÉDITAIRE, LA CRÉATION DE GRANDS TRAVAUX D'INDUSTRIE, L'INSTALLATION DE FÊTES PUBLIQUES.

Journalistes, il dépend de vous de faire accomplir au monde un grand pas dans la voie de son amélioration : démontrez à vos lecteurs l'exigence de ce but, et prenez soin de les y préparer par une discussion consciencieuse des actes successifs par lesquels il est possible d'atteindre graduellement à ce but.

Mais si vous aussi, l'égoïsme a brûlé vos sympathies pour les classes misérables, si peu confiants dans la mission qui vous est dévolue, vos cœurs ne s'ouvrent pas au sentiment des bienfaits que vous pouvez contribuer à réaliser, eh bien ! au nom de Dieu et du Peuple disparaissez de la tribune politique et faites place à d'autres, car légitimistes, libéraux ou républicains, vous n'êtes plus ni la voix de la vérité, ni la voix de l'opinion publique !...

AU PEUPLE.

Pendant que s'agitent les intérêts du peuple, sa contenance est le calme de l'énergie.

O peuple ! que ta patience est sublime à côté des maux qui t'accablent !... Et pourtant vois tes fils, vois tes filles, leur chair est déchirée par la peine ou salie par la prostitution.

A tes fils, toutes les fatigues du travail ; à tes filles, la *douleur* ou la *honte*. — A tes filles, la mansarde ou l'hospice pour *enfanter* ; à tes fils, un grabat ou l'hôpital pour *mourir*.

Mais la force disciplinaire est du côté de tes maîtres : ils ont pour eux l'ordre et la tactique des meurtres populaires : AIE POUR TOI LE CALME DES GRANDS HOMMES.

Qu'aucune émeute ou houra populaire ne vienne un seul instant démentir ta sublime résignation.

Qu'à ta contenance fière et pacifique l'oisif reconnaisse un peuple affranchi ; sois fort et patient comme tu l'as été jusqu'ici.

Espère avec calme, chante ta force au lieu de t'ameuter : ne quitte l'atelier, ni les forges, ni les mines.

Et Dieu, que tu représentes sur la terre, fera justice à tes mérites, à ta patience, à ton calme : garans de l'ordre universel.

G. BIARD,

DISCIPLE DE LA LOI NOUVELLE

———

SE VEND :

CHEZ { A. ROUSSEAU, Hôtel de la Paix, rue des Maçons-Sorbonne.
{ G. BIARD, boulevart Saint-Martin, l.º 7.

IMPRIMERIE DE AUG. AUFFRAY.
PASSAGE DU CAIRE, Nº 54.

www.ingramcontent.com/pod-product-compliance
Lightning Source LLC
Chambersburg PA
CBHW070750280326
41934CB00011B/2868